크리스천리더 가스펠 챈트2

크리스천리더 가스펠 챈트2

초 판 1쇄 발행 | 2019. 10. 30
초 판 1쇄 인쇄 | 2019. 10. 30
지은이 | 크리스천리더 출판기획팀
펴낸이 | 정신일
펴낸곳 | 크리스천리더
편 집 | 권상아
교 정 | 이지선
일부총판 | 생명의 말씀사 (02) 3159-7979
등 록 | 제 2-2727호(1999. 9. 30)
주 소 | 부천시 원미구 중동 1289번지 팰리스카운티 아이파크상가 3층 311호
전 화 | (032) 342-1979
팩 스 | (032) 343-3567
도서출간상담 | E-mail:chmbit@hanmail.net
homepage | www.cjesus.co.kr

978-89-6594-285-6 (04230)
978-89-6594-283-2

정가 : 12,000원

영상 세대를 위한 **요절 암송 챈트 영상과 이미지 설교**

크리스천리더
가스펠 챈트2

테마 : **구원**

"예배시간이 즐거워 졌어요."
"가스펠 랩 챈트로 뛰면서 신나게 배워요."

크리스천리더출판기획팀

CLS 크리스천리더

ChristianLeader Gospel Chant

[가스펠 챈트 활용 방법]

지금 이 시대를 유튜브 세대 혹은 영상 세대라 말합니다. 그리하여 이 시대에 맞춰 보는 것과 듣는 것에 익숙한 아이들에게 새로운 차원의 영상 챈트 시리즈를 선보이게 되었습니다. [크리스천리더 가스펠 챈트]는 다음세대(어린이와 청소년 및 청년예배까지)에서 활용할 수 있는 요절암송 영상으로 [크리스천 리더가스펠 챈트 1, 2권]의 말씀의 주제는 '구원'입니다. 하나님이 예수님을 통해 우리를 구원해 주시기 원하시는 약속의 말씀 중, 총 12개의 성경 구절을 곡으로 만들고 영상으로 제작하였습니다.

이 영상은 귀한 구원의 말씀을 랩과 율동을 통해 쉽고 재미있게 암송할 수 있도록 기획하였습니다. 예배 중에 여러 번 반속해서 영상을 사용하시면 저절로 암송이 될 것입니다.

이 책은 [요절 말씀]과 [요절 말씀 뜻 살펴보기]를 통해 말씀의 배경과 의미를 설명하고 있습니다. 예배를 드리는 아이들에게 직·간접적으로 요절 말씀의 의미와 뜻을 설명해주시면 좋겠습니다. 또한 그 말씀의 주제와 맞는 [이미지 설교]가 수록되어 있어서 설교자는 이 말씀과 이미지를 가지고 주제에 맞춰 설교하실 수 있습니다. 말씀과 챈트가 '구원'이라는 주제에 좀 더 명확히 다가갈 수 있도록 도와줄 것입니다.

CD에는 가스펠 챈트 영상+설교 그림 파일+챈트 MP3 음원 파일+WAV 음원 파일+MR자료가 담겨져 있습니다. 각 교회에서 사용하시는 예배용 PPT 파일에 챈트영상이나, 그림 자료를 삽입하여 사용하시기 바랍니다.

이 가스펠 챈트가 교회에 많이 사용되어져 힘 있는 예배, 아름답게 뛰며 주를 찬양하는 예배가 되길 소망합니다.

크리스천리더 대표 정신일 목사

Contents

크리스천리더 Gospel Chant 7

[요절 말씀]

"내가 의인을 부르러 온 것이 아니요 죄인을 불러 회개시키러 왔노라" (누가복음 5:32)

[요절 말씀 뜻 살펴보기]

오늘 말씀은 예수님께서 세상에 오신 목적이 나타나 있는 말씀입니다. 예수님은 죄 많은 인생들을 부르러 오셨습니다. 주님은 그런 죄 많은 인생들을 부르시고 회개시켜 온전한 구원의 길로 이끄시기 위해 오신 것입니다.

예수님께서 이같이 말씀하신 것은 스스로 의롭다고 생각하는 바리새인들을 책망하시기 위함이었습니다.

당시 바리새인들은 마치 자신들이 의인이나 된 것처럼 행동했습니다. 하지만, 성경에서는 이 세상에 의로운 사람은 단 한사람도 없다고 기록하고 있습니다.

로마서 3장 10~12절 말씀에 "기록된 바 의인은 없나니 하나도 없으며 깨닫는 자도 없고 하나님을 찾는 자도 없고 다 치우쳐 함께 무익하게 되고 선을 행하는 자는 없나니 하나도 없도다" 기록하고 있습니다.

예수님께서는 스스로 의롭다고 생각하는 자들의 교만을 물리치시고 낮아지는 마음으로 구원을 원하는 자들을 초대하고 계신 것입니다.

그래서 우리가 거듭나고 구원에 이르기 위해서는 반드시 진실된 회개가 필요합니다. 그 회개의 동기를 부여해주신 분은 곧 예수님이십니다.

구원에 이르기 위해서는 먼저 자신이 죄인임을 인정해야 합니다. 또한 그에 합당한 간절하고 진실된 회개가 있어야 합니다. 세리장 삭개오의 회개처럼 마음의 확신으로 자신의 죄를 고백하고 그에 따른 행동이 뒤따라야 합니다.

[7과 chant 영상 장면]

[chant 가사]

"내가 의인을 부르러 온 것이 아니요 죄인을 불러 회개시키러 왔노라" (누가복음 5:32)

(YO!) 주님 말씀 내 삶의 지도
나를 만들어 크리스천 리더
이끌어 주심을 믿어 오늘도 말씀을 읽어
자 준비됐지?

누가복음 5장 32절 (누가복음 5장 32절)
한 번 더
누가복음 5장 32절 (누가복음 5장 32절)
저를 따라해 봐요

내가 의인을 부르러 온 것이 아니요
죄인을 불러 회개시키러 왔노라
외워볼까요?

내가 의인을 부르러 온 것이 아니요
죄인을 불러 회개시키러 왔노라
내가 의인을 부르러 온 것이 아니요
죄인을 불러 회개시키러 왔노라
아멘!

7. 회개시키러 오신 예수님

[외울 말씀]

개역개정 | "내가 의인을 부르러 온 것이 아니요 죄인을 불러 회개시키러 왔노라" (누가복음 5:32)

쉬운성경 | "나는 의인을 부르려고 온 것이 아니라, 죄인을 불러 회개시키려고 왔다." (누가복음 5:32)

이끄는 말)

말씀을 함께 읽습니다. 먼저 쉬운성경으로 된 본문을 읽습니다.

(읽은 후) 이제는 어른들이 보는 개역개정성경을 읽습니다.

(읽은 후) 오늘의 제목을 함께 읽습니다.

'회개시키러 오신 예수님'.

옆에 있는 친구, 앞뒤에 있는 친구와 손을 흔들며 '샬롬'이라고 인사해 볼까요?

본론)

만약 내가 잘못한 일이 있다면 어떻게 해야 할까요?

맞아요! 잘못했다고 용서를 구해야 해요.

그런데 이렇게 "난 몰라요! 안 했어요"라고 시치미를 떼거나 모른 체 한다면 더 크게 혼나게 되지요. 잘못한 것이 있다면 거짓말을 하거나 모른 체하지 말고 잘못했다고 용서를 구해야 용서받을 수 있어요.

손이 더러운 친구가 있네요. 어떻게 해야 할까요? 네, 깨끗하게 씻어야 합니다. 여기 몸이 아픈친구가 있네요. 어떻게 해야 할까요?

네, 병원에 가서 진찰을 받고 치료를 받아야 합니다.

1~2번 그림을 자유롭게 보여주며 어떤 사람이 씻어야 하는지 어떤 사람이 병원에 가서 치료받아야 하는지 설명해줍니다.

마찬가지로 우리 인간의 죄문제는 반드시 예수님을 통해 해결받아야 한다는 사실을 알려주세요.

깨끗하면 굳이 또 씻을 필요가 없습니다. 마찬가지로 건강한 사람은 굳이 병원에 가지 않아도 됩니다. 마찬가지로 우리는 반드시 씻어내거나 치료받아야 할 것이 있습니다. 그것은 바로 죄입니다.

3번 그림을 보여주면서 바리새인의 기도와 세리의 기도의 의미를 잘 이해시켜 주세요.

예수님 당시의 바리새인들은 자신이 죄인이라는 사실을 인정하지 않았어요. 자신들은 유대인들이고 할례도 받았으며 율법도 잘 지키고 있었기 때문이에요. 입술로는 기도하는듯 했지만 교만이 가득했어요.

하지만 세리들은 자신들이 죄인임을 알고 하나님께 자신이 죄인임을 진심으로 고백했어요.

바리새인과 세리 중 누가 하나님께 나와서 자신의 죄를 진심으로 고백하고 회개할 수 있을까요? 네, 세리입니다.

예수님께서 이 땅에 오신 목적은 무엇일까요?

창조주이신 예수님께서 이 땅에 인간의 몸을 입고 오신 이유가 있으시겠지요? 인간들이 뭐하나 구경하러 오신 것은 아닐 거예요.

성경은 우리에게 이렇게 말하고 있어요.

"나는 죄인을 불러 회개시키러 왔다."

한 마디로 예수님은 우리가 우리의 죄를 회개할 때 죄를 용서받아 구원받을 수 있도록 이 땅에 오신 것이지요.

그런데 사람들은 예수님께서 세리들, 죄인들과 함께 식사를 하고 이야기를 나누시는 모습을 보고 "하나님의 아들은 무슨! 하나님의 아들이 어떻게 죄인들과 이야기를 하고 죄인들하고 친구를 해? 그리고 매일 먹고 마시고 있잖아"라고 이야기를 했어요.

예수님은 마을 이곳, 저곳을 다니시면서 사람들에게 회개하라고 가르치셨어요.

회개해야 하나님과의 깨어진 관계가 회복되고 관계가 회복되어야 하나님과 교제를 할 수 있기 때문이에요. 예수님께 가르침을 받은 제자들도 나가서 사람들에게 회개할 것을 가르쳤어요. 하지만 대부분의 유대인들은 자신들이 죄인이 아니라는 생각을 가지고 있어서 회개하지 않았지요.

4번 그림을 보여주면서 우리가 예수님을 통해서만 구원받을 수 있다는 사실을 확실하게 알려주세요.

하나님을 믿는 사람들은 자신의 죄를 회개하지 않을 수 없어요.

하나님을 알게 되고, 믿게 되는 순간 나의 모든 죄가 생각나고 부끄럽고 창피해지거든요. 그래서 하나님께 나의 모든 죄를 내려놓고 용서를 구하게 되는 거예요.

여러분들은 하나님을 믿고 있나요? 죄는 하나님만이 용서하실 수 있어요. 그 어떤 인간도 다른 사람들의 죄를 용서해줄 수 없어요.

이 시간, 우리의 모든 죄를 용서하시는 하나님 앞에 나의 모든 죄를 고백할 수 있는 친구들이 되길 바라요.

결론)

우리 한 번 큰 소리로 읽으며 결단하는 시간을 갖기로 해요.

바리새인들은 죄인들, 세리들과 함께 먹고 마시는 예수님을 이해하지 못했습니다. 하나님의 아들이 어떻게 죄인들과 먹고 마실 수 있는가? 라는 생각이 있었기 때문입니다.

하지만 이 땅에 죄인이 아닌 사람들이 있나요? 한 사람도 없습니다. 자기 자신을 의롭다고 여기는 것 자체가 교만이고 죄입니다.

예수님은 죄인들을 불러 회개시키러 이 땅에 오셨습니다. 하나님은 회개하는 모든 사람의 죄를 용서해 주십니다. 나의 죄를 하나님께 고백함으로 용서함을 받는 친구들이 됩시다.

기도하기)

하나님, 오늘 회개시키러 오신 예수님이라는 말씀을 들었어요. 예수님, 나는 죄인이에요. 그래서 예수님이 필요해요. 예수님이 없으면 나는 아무것도 아니예요. 나는 단 하루도 살 수 없어요. 예수님, 사랑해요. 나의 죄를 회개하고 예수님을 믿는 어린이답게 말하고 행동하며 살아가기를 원해요. 예수님, 도와주세요. 예수님의 이름으로 기도합니다. 아멘.

테마1. 구원

크리스천리더 Gospel Chant 8

[요절 말씀]

"만일 우리가 우리 죄를 자백하면 그는 미쁘시고 의로우사 우리 죄를 사하시며 우리를 모든 불의에서 깨끗하게 하실 것이요" (요한일서 1:9)

[요절 말씀 뜻 살펴보기]

오늘 말씀은 만약에 사람이 죄를 하나님께 자백하고 진심으로 회개했을 때 어떤 결과가 나타나는지를 설명하고 있습니다. 여기서 '죄'는 헬라어 '하마르티아스'라는 단어입니다. 이는 구체적이고도 상세한 '죄들'을 가리키고 있습니다.

또한 '자백한다'는 말은 헬라어 '아페'로 빚의 탕감이나 '허물의 제거', '책임의 해제' 등을 뜻하는 말입니다.

죄를 자백한다는 것은 구체적으로 죄를 깊이 생각하고 뉘우치며 진실하게 고백함으로 완전히 버리는 것을 뜻합니다. 이런 죄의 고백이 있을 때 하나님께서는 모든 불의에서 깨끗게 하실 것이라 기록하고 있습니다.

여기서 하나님의 두가지 속성이 나옵니다. 바로 '미쁘시고 의로

우시다'는 속성입니다. 이는 하나님께서 죄를 자백한 자들의 죄를 용서해 주시는 근거로 제시되고 있습니다.

'미쁘시고'의 헬라어 '피스토스'는 약속을 잘 지키시는 '신실함'을 의미합니다. 하나님은 죄 사함을 약속하셨으며 그 약속을 충실히 이행하시는 분이십니다.

미쁘신 하나님은 당신의 성품대로, 죄를 사하시겠다는 약속을 철저하게 지키시고 또한 죄를 자백한 자들을 용서해주십니다.

또한 '의로우사'로 번역된 헬라어 '디카이오스'는 곧 하나님의 본성을 가리키는 단어이며, 하나님의 종말론적 통치와 지배를 가리키는 심성이기도 합니다.

미쁘시고 의로우신 하나님은 그 성품대로 진심으로 자신의 잘못을 뉘우치고 회개하는 자들에게는 사해주신다는 사실을 말씀하고 계신 것입니다.

[8과 chant 영상 장면]

[chant 가사]

"만일 우리가 우리 죄를 자백하면 그는 미쁘시고 의로우사 우리 죄를 사하시며 우리를 모든 불의에서 깨끗하게 하실 것이요" (요한일서 1:9)

생명의 말씀 암송시간 랩으로 배워 check it out
누가누가 잘하나 오늘 외울 말씀은
요한일서 1장 9절 말씀 (요한일서 1장 9절 말씀)
한 번 더
요한일서 1장 9절 말씀 (요한일서 1장 9절 말씀)
저를 따라해 보세요

만일 우리가 우리 죄를 자백하면
그는 미쁘시고 의로우사
우리 죄를 사하시며 우리를 모든
불의에서 깨끗하게 하실 것이요
이제 쭉 해볼까요?

만일 우리가 우리 죄를 자백하면 그는 미쁘시고 의로우사 우리 죄를 사하시며 우리를 모든 불의에서 깨끗하게 하실 것이요
만일 우리가 우리 죄를 자백하면 그는 미쁘시고 의로우사 우리 죄를 사하시며 우리를 모든 불의에서 깨끗하게 하실 것이요
아멘!

8. 죄 고백과 용서

[외울 말씀]

개역개정 | "만일 우리가 우리 죄를 자백하면 그는 미쁘시고 의로우사 우리 죄를 사하시며 우리를 모든 불의에서 깨끗하게 하실 것이요" (요한일서 1:9)

쉬운성경 | "그러나 우리가 죄를 고백하면, 그분은 우리를 용서해 주실 것입니다. 그분은 옳은 일만 행하시는 분이기 때문에 우리는 그분을 믿을 수 있습니다. 그분은 우리의 모든 잘못을 깨끗하게 해 주실 것입니다." (요한일서 1:9)

이끄는 말)

말씀을 함께 읽습니다. 먼저 쉬운성경으로 된 본문을 읽습니다.

(읽은 후) 이제는 어른들이 보는 개역개정성경을 읽습니다.

(읽은 후) 오늘의 제목을 함께 읽습니다.

'죄의 고백과 용서'. 옆에 있는 친구, 앞뒤에 있는 친구와 손을 흔들며 '샬롬'이라고 인사해 볼까요?

1번 그림을 보여주면서 인간이 가지고 있는 불안과 용서에 관한 설명에 동기부여를 해주세요.

본론)

사람들은 자기만의 비밀을 가지고 살아가지요.

여러분들도 다른 사람들이 모르는 비밀을 가지고 있나요?

그런데 그 비밀을 나만 안다고 생각했는데 어떤 사람이 "난 네가 한 행동을 알고 있어"라고 한다면 진짜 알고 있든지 아니든지 상관없이 불안할 수밖에 없어요.

내가 잘못한 일이 없다면 불안할 일이 없지만 내가 잘못한 것이 많다면 불안함이 가득할 수밖에 없어요.

불안함을 가진 사람들은 하루 하루가 행복하지 않아요. 너무 괴로워서 누군가에게 나의 잘못을 이야기하고 싶어 해요. 그래서 천주교에서는 고해성사라는 것이 있어요.

고해성사는 자신의 죄를 신부에게 고백하는 거예요. 그러면 신부는 그 죄에 대한 용서를 예수님 대신 선언하고 그 죄값을 치를 수 있는 방법을 알려줍니다.

그리고 그 방법대로 선행을 하면 죄에서 용서 받았다고 생각하고 자유롭게 생활을 하지요. 하지만 죄의 용서는 그 어떤 인간도 할 수 있는 것이 아니에요.

2번 그림을 보여주면서 죄를 고백하고 사함 받기 원하는 우리의 본성을 잘 이야기 해주세요.

예수님께서는 죄를 용서하는 능력을 어느 개인에게 주신 적이 없어요. 그런데 이렇게 하는 이유는 사람들은 누군가에게 내 죄를 고백하고 그 죄가 용서 받았다는 말을 듣고 싶어 하기 때문이에요. 그래야 죄책감과 불안감에서 벗어날 수 있으니까요.

3번 그림을 보여주면서 하나님께 온전히 죄를 고백하면 죄사함 받고 용서받을 수 있다는 사실을 알려 주시고 회개의 진정한 의미를 설명해 주세요.

하지만 이 세상에서 우리의 죄를 완전히 용서해줄 수 있는 사람은 없어요. 우리가 아무리 착한 행동을 하고 봉사를 하고 남을 도와줘도 그것으로 나의 죄를 용서받을 수는 없어요. 참된 죄 용서는 우리가 하나님 앞에 회개함으로 나아갈 때만 받을 수 있어요.

성경은 우리에게 분명히 이야기하고 있어요. 하나님께 나아가 우리의 죄를 고백하면 하나님께서는 우리의 죄를 용서해 주신다고 하셨어요.

회개는 후회하는 마음과는 다른 것이에요. 회개에 후회하는 마음이 들어있지만 후회하는 마음이 곧 회개는 아니에요.

내가 과거 저질렀던 잘못에 대한 후회를 하고 눈물을 흘렸다고 해도 그것이 회개는 아니에요. 후회만 하고 행동은 여전히 변하지 않는다면 그것은 아무것도 아니지요.

회개는 행동을 돌이켜야 해요. 내가 죄를 향해 걸어갔던 행동을 완전히 돌이켜 걸어가는 것이 바로 회개예요.

만약에 여러분이 비를 흠뻑 맞고 집에 들어왔다면 제일 먼저 옷을 벗고 따뜻한 물로 샤워를 하겠지요. 그런 다음에는 무엇을 할까요?

비 맞았던 옷을 다시 입는 친구가 있나요? 비 맞은 옷은 세탁기에 넣고 옷장에서 새 옷을 꺼내 입어야 해요.

죄 용서는 우리가 예수님 앞에서 회개할 때 비로소 용서받을 수 있어요. 당연히 예수님께서는 우리의 모든 죄를 알고 계세요.

하지만 예수님은 우리의 입술을 통해 죄를 고백하기 원하세요. 그리고 이렇게 죄를 고백하는 사람의 죄를 용서해주세요.

4번 그림을 보여주면서 임금한테 많은 돈을 탕감받은 이야기를 들려주세요.

우리 친구들, 성경에 나온 만 달란트 빚진 자에 대한 이야기는 잘 알고 있지요? 만 달란트는 금 340톤에 해당되는 돈이에요.

오늘날 돈으로 환산하면 14조 정도 되는 엄청난 돈이죠. 그런데 임금은 이 엄청난 돈을 탕감해 주었어요. 그리고 만 달란트를 탕감 받은 사람은 기뻐하며 밖에 나갔어요.

그런데 길에서 자신에게 100데나리온 빚진 친구를 만났어요. 100데나리온은 100일 동안 일한 돈이에요. 그런데 탕감 받은 사람은 100데나리온을 갚지 않는다고 그 친구를 감옥에 가둬버렸어요. 그러자 이 소식을 들은 임금은 다시 그 사람을 불러서 탕감해 주었던 만 달란트를 다시 갚도록 했어요.

우리의 죄는 만 달란트보다 훨씬 큰 죄예요. 그래서 용서 받을 수 없는 우리였지만 예수님의 은혜로 용서받았어요. 그런데 나는 나에게 잘못한 친구를 용서하지 못하고 미워하지는 않았나요?

예수님은 우리가 우리의 죄를 고백하면 용서해주세요. 그리고 용서함을 받은 은혜로 다른 친구들의 잘못을 용서해주기를 원하세요. 날마다 나의 죄를 고백하고 내 이웃의 잘못도 용서할 수 있는 친구들이 되길 원해요.

결론)

우리 한 번 큰 소리로 읽으며 결단하는 시간을 갖기로 해요.

이 세상의 모든 사람들은 죄인입니다. 그 죄로 인한 불안감과 죄책감 속에 살아가고 있습니다. 그래서 저마다 자신의 방법으로 불안감과 죄책감을 해결하려고 합니다.

하지만 죄에 대한 불안감과 죄책감은 예수님께 회개할 때만 벗을 수 있습니다. 후회는 눈물을 흘리는 것으로 끝나지만 회개는 그 자리에서 일어나 하나님께로 돌아가는 것입니다. 이렇게 회개하는 자를 하나님께서는 참된 용서로 받아주십니다. 지금 나의 죄에서 벗어나 하나님께로 돌이킴으로 참된 죄 용서를 받는 친구들이 됩시다.

기도하기)

하나님, 오늘 죄의 고백과 용서라는 말씀을 들었어요. 예수님께 나의 죄를 회개할 때 나의 모든 죄를 용서해 주신다는 것을 알았어요. 나의 모든 죄를 용서해 주세요. 또한 내가 지은 죄를 후회만 하지 않고 행동을 돌이킬 수 있게 해주세요. 예수님께 용서 받은 그 마음으로 다른 친구들의 잘못을 용서할 수 있도록 도와주세요. 예수님의 이름으로 기도합니다. 아멘.

테마1. 구원

크리스천리더 Gospel Chant 9

[요절 말씀]

"하나님이 세상을 이처럼 사랑하사 독생자를 주셨으니 이는 그를 믿는 자마다 멸망하지 않고 영생을 얻게 하려 하심이라 하나님이 그 아들을 세상에 보내신 것은 세상을 심판하려 하심이 아니요 그로 말미암아 세상이 구원을 받게 하려 하심이라" (요한복음 3:16~17)

[요절 말씀 뜻 살펴보기]

요한복음 3장 16절 말씀은 복음 속에 있는 복음(the Gospel within the Gospels) 혹은 작은 복음서(Little Gospel)라고 불리기도 합니다. 구약성경과 신약성경 전체를 대표할 수 있는 요절인 본절은 복음의 진수(眞髓)로, 성경 전체의 주제이기도 합니다. 여기서 '세상'은 헬라어 '코스모스'로 유대인과 이방인을 포함한 온 인류를 가리킵니다.

요한은 하나님의 사랑은 민족이나 계급을 초월하여 모든 인류에게 미친다는 사실을 분명하게 밝히고 있습니다.

하나님은 이 세상을 사랑하셨습니다. 사랑은 곧 하나님의 본성이고(요일 4:8), 인류를 향한 하나님의 사랑은 예수 그리스도의 십자가 고난을 통해 그 사랑을 확증해주셨습니다. 이 사랑은 결코 타율적인 것이 아니라 자발적인 성격의 것이며 막연한 이론이나 말로써 하는 것이 아니라 반드시 대가를 아낌없이 지불하는 속성을 가지고 있습니다.

또한 여기서 '독생자'라는 말은 헬라어 '모노게네스'로 '외아들'이란 뜻 외에 '그 속성과 성품에 있어서 유일무이하신 분'이란 의미도 내포하고 있습니다. 그 독생자 예수를 믿으면 멸망치 않고 영생을 얻게 하려 하심이라 말씀하십니다.

궁극적인 구원의 목표가 여기서 나옵니다. 구원이라 함은 우리 인생이 죄에 빠져 생존 가망성이 없는 상태에서 그를 건져내어 살게 하신다는 직접적인 뜻을 가지고 있습니다.

17절 말씀을 통해 독생자 예수를 세상의 보내신 이유는 세상을 심판하려 함이 아니라, 세상을 구원하게 하기 위함이라는 하나님의 분명한 의지를 보여주고 있습니다.

하나님은 항상 모든 사람이 구원에 이르게 되기를 원하는 분이십니다(딤전 2:4). 또한 이 일을 위해 독생자를 십자가에 못박히기까지 하셨습니다. 그렇게 하나님은 구원을 이루셨습니다.

[9과 chant 영상 장면]

[chant 가사]

"하나님이 세상을 이처럼 사랑하사 독생자를 주셨으니 이는 그를 믿는 자마다 멸망하지 않고 영생을 얻게 하려 하심이라 하나님이 그 아들을 세상에 보내신 것은 세상을 심판하려 하심이 아니요 그로 말미암아 세상이 구원을 받게 하려 하심이라" (요한복음 3:16~17)

성경말씀(Hey) 신나게 외워볼까(네!)
어렵지 않으니까(Come on) 오늘 외울 말씀은
요한복음 3장 16절에서 17절 말씀 아멘 (요한복음 3장 16절에서 17절 말씀 아멘)
한 번 더 요한복음 3장 16절에서 17절 말씀 아멘
(요한복음 3장 16절에서 17절 말씀 아멘) 저를 따라해 보세요

하나님이 세상을 이처럼 사랑하사 독생자를 주셨으니
이는 그를 믿는 자마다 멸망하지 않고 영생을 얻게 하려 하심
이라 하나님이 그 아들을 세상에 보내신 것은 세상을 심판하려
하심이 아니요 그로 말미암아 세상이 구원을 받게 하려 하심이라
이제 쭉 해볼까요?

하나님이 세상을 이처럼 사랑하사 독생자를 주셨으니 이는 그를 믿는 자마다 멸망하지 않고 영생을 얻게 하려 하심이라 하나님이 그 아들을 세상에 보내신 것은 세상을 심판하려 하심이 아니요 그로 말미암아 세상이 구원을 받게 하려 하심이라
하나님이 세상을 이처럼 사랑하사 독생자를 주셨으니 이는 그를 믿는 자마다 멸망하지 않고 영생을 얻게 하려 하심이라 하나님이 그 아들을 세상에 보내신 것은 세상을 심판하려 하심이 아니요 그로 말미암아 세상이 구원을 받게 하려 하심이라 아멘!

9. 믿음의 대상

[외울 말씀]

개역개정 | "하나님이 세상을 이처럼 사랑하사 독생자를 주셨으니 이는 그를 믿는 자마다 멸망하지 않고 영생을 얻게 하려 하심이라 하나님이 그 아들을 세상에 보내신 것은 세상을 심판하려 하심이 아니요 그로 말미암아 세상이 구원을 받게 하려 하심이라" (요한복음 3:16~17)

쉬운성경 | "이와 같이 하나님께서는 세상을 사랑하여 독생자를 주셨다. 이는 누구든지 그의 아들을 믿는 사람은 멸망하지 않고 영생을 얻게 하려 하심이다. 하나님께서는 세상을 심판하시기 위해 그의 아들을 세상에 보내신 것이 아니라, 자기 아들을 통하여 세상을 구원하시기 위해 아들을 보내신 것이다." (요한복음 3:16~17)

이끄는 말)

말씀을 함께 읽습니다. 먼저 쉬운성경으로 된 본문을 읽습니다.

(읽은 후) 이제는 어른들이 보는 개역개정성경을 읽습니다.

(읽은 후) 오늘의 제목을 함께 읽습니다.

'믿음의 대상'.

옆에 있는 친구, 앞뒤에 있는 친구와 손을 흔들며 '샬롬'이라고 인사해 볼까요?

1번 그림을 보여주면서 다양한 것을 의지하고 사는 인간의 본성을 잘 설명해주세요.

본론)

사람들은 저마다 살면서 믿고 의지하는 것들이 있어요.

어떤 사람들은 우상에게 복을 달라고 절을 하고 빌기도 하고 돌이나 나무, 불상을 믿고 살아가기도 해요.

이 그림에 남자는 무언가 자신이 대단하다고 생각하는 것 같아요. 자신을 우러러보는 모습을 보고 거만해하기도 하네요. 이렇게 자기 과시하는 사람도 있어요.

어떤 사람은 공부가 자기를 행복하게 해줄 것이라고 믿고 사는 사람도 있고 또 어떤 사람은 인기에 목숨을 걸고 사는 사람도 있고 돈이나 건강이 최고라고 여기며 사는 사람들도 있어요.

그들은 하나님은 믿지 않지만 하나님의 위치에 저마다 자기들이 원하는 것을 올려놓고 살아가는 것이지요.

캐나다와 미국 사이에 있는 세계 3대 폭포가 무엇인지 알고 있나요? 바로 나이아가라 폭포예요.

2번 그림을 보여주면서 플론딘과 그의 매니저 콜코드 이야기를 해주세요.

이 폭포를 외줄로 건너라면 건널 수 있을까요?

그런데 2012년 미국의 닉 왈렌다가 높이 50m위의 외줄을 타고 약 200m나 되는 폭포를 건넜어요. 정말 대단하죠? 그리고 닉 왈렌다보다 앞서 나이아가라 폭포를 건넌 사람이 있어요.

1859년 6월 30일 찰스 블론딘은 이 나이아가라 폭포를 건넜어요.

뒤로 건너기, 안대하고 건너기, 자전거를 타고 건너기 등 다양한 방법으로 건넜어요. 그리고 마지막으로 블론딘은 사람들에게 이야기했어요.

"내가 사람을 업고 건널 수 있다는 것을 믿습니까?"

사람들은 모두 믿는다고 이야기를 했죠.

"그렇다면 제 등에 업힐 한 분만 나와주세요."

그러자 관중들은 침묵하며 블론딘을 외면했어요.

이 때 한 사람이 나와 블론딘 등에 업혔어요. 바로 그의 매니저였던 콜코드였어요.

블론딘은 콜코드를 업고 무사히 나이아가라 폭포를 건넜어요. 콜코드는 블론딘을 향한 믿음이 있었기 때문에 업힐 수 있었던 것이지요.

3번 그림을 보여주면서 '만유인력의 법칙'에 대해 이야기 해주세요.

목사님이 마이크를 손에서 놓으면 아래로 떨어질까요, 그대로 멈춰 있을까요? 아래로 떨어진다고요? 그것을 어떻게 알지요? 우주라면 아래로 떨어지지 않겠지만 지구에서는 무조건 아래로 떨어지게 되어 있어요. 왜 그럴까요?

중력 때문에 그래요. 또한 오늘 밤이 올 것을 믿나요? 그리고 내일 다시 태양이 뜰 것도 믿나요?

밤이 오지 않거나 아침에 태양이 뜨지 않는다고 걱정한 적은 없나요? 지금까지 그래왔으니까 당연히 내일도 그럴 것이라는 것은 우리의 믿음이라고 할 수 있어요.

4번 그림을 보여주면서 빙산에 대해 이야기하면서 자연스럽게 믿음에 대해 설명해 주세요.

사람들은 눈에 보이는 것만 믿는다고 해요. 하지만 눈에 보이지 않아도 존재하는 것들은 너무도 많아요.

우리 눈에 보이는 빙산은 정말 작은 한 부분이지만 바다 속에 감추어진 빙산은 엄청나게 크죠. 눈에 보이는 빙산만 보고 가까이 다가갔다가는 배가 빙산에 부딪혀 침몰할 수도 있어요. 눈에 보이는 것이 전부는 아니에요.

성경은 믿음에 대해 무엇이라고 말하고 있을까요?

히브리서 기자는 믿음을 이렇게 이야기해요.

"믿음은 우리가 바라는 것들에 대해서 확신하는 것이고 보이지는 않지만 그것이 사실임을 아는 것입니다."

다시 말하면 믿음은 보이지는 않지만 그것이 확실히 있다는 것을 아는 것이죠.

이 세상엔 영원한 것이 없어요. 또한 모두 불완전하죠. 언젠가는 사라지고 맙니다. 그래서 이 세상의 것을 온전히 믿을 수가 없는 것이죠. 하지만 하나님은 영원히 변하지 않는 분이라고 성경은 말하고 있어요. 그렇기 때문에 우리는 하나님을 믿어야 해요.

이 글은 영국의 청교도였던 리차드 시베스가 한 말이에요.

다 같이 읽어볼까요?

나의 감정이나 생각, 경험, 느낌으로 하나님의 사랑과 긍휼을 판단해서는 안 돼요. 우리의 감정, 생각, 경험, 느낌은 불완전하기 때문이지요. 우리 눈에 보이지 않는다고 인정하지 않아도 존재하는 것들은 너무도 많아요. 우리가 하나님이 없다고 해서 하나님이 존재하지 않는 분이 되는 것은 아니에요. 우리가 인정하든 안 하든 하나님은 존재하시고 우리에게 자신을 알려주세요. 우리 눈에 보이는 것들이 아니라 우리 눈에 보이지는 않지만 확실히 존재하시는 하나님임을 알고 고백하는 친구들이 되길 원해요.

결론)

우리 한 번 큰 소리로 읽으며 결단하는 시간을 갖기로 해요.

이 세상의 모든 것은 전부 불완전합니다. 변하기 싫다고 해서 변하지 않는 것은 없습니다. 시간의 흐름 속에서 모두가 변해만 갑니다. 불완전한 것에 우리의 마음을 두고 믿고 산다면 우리의 삶 역시 불안할 뿐입니다.

이 세상에 영원히 변하지 않는 분은 오직 한 분, 하나님뿐입니다. 영원한 하나님을 믿고 살 때 우리는 흔들리지 않습니다. 불안하지 않습니다. 나는 변할 수 있지만 하나님은 절대로 변하지 않습니다. 나에게 구원을 주시는 변함없으신 하나님을 믿는 친구들이 됩시다.

기도하기)

하나님, 오늘 믿음의 대상이라는 말씀을 들었어요. 사람들은 자신의 눈에 보이는 것은 믿고 보이지 않는 하나님은 없다고 믿지 않으려고 해요. 하지만 우리는 하나님이 보이지 않아도 확실히 계심을 믿어요. 영원히 변하지 않는 하나님만이 우리의 믿음의 대상임을 믿고 살아갈 수 있게 도와주세요. 예수님의 이름으로 기도합니다. 아멘.

크리스천리더 Gospel Chant 10

[요절 말씀]

"네가 만일 네 입으로 예수를 주로 시인하며 또 하나님께서 그를 죽은 자 가운데서 살리신 것을 네 마음에 믿으면 구원을 받으리라 사람이 마음으로 믿어 의에 이르고 입으로 시인하여 구원에 이르느니라" (로마서 10:9~10)

[요절 말씀 뜻 살펴보기]

오늘 요절 말씀은 구원의 길로 나가기 위한 방법 혹은 방편을 설명하고 있습니다. 어떻게 구원의 길로 나갈 수 있을까? 첫째, 입술의 고백을 말씀하고 있습니다.

'네가 만일 네 입으로 예수를 주로 시인하며' 에서 '주'는 헬라어 '퀴리오스'라는 단어입니다. 이 단어는 통치자, 하나님, 혹은 주인이란 뜻입니다. 이는 헬라 세계에 있어서 고위직에 있는 사람이나 노예를 소유한 사람들에게 경의를 표하는 호칭이었습니다. 또한 '예수가 주'라는 이 고백은 초기 기독교 신앙의 가장 중요한 신앙고백이 되었습니다(행 2:36; 고전 12:3).

이는 곧 예수님은 경배의 대상인 하나님이시라는 절대적 주권을 인정한다는 의미도 담겨 있습니다.

예수를 주로 고백하는 입술의 고백은 선언이자 마음의 받아들임을 뜻합니다. 둘째로, 믿음을 가져야 합니다. 그 믿음은 하나님께서 예수 그리스도를 죽은 자 가운데서 살리셨다는 사실을 믿는 믿음입니다. 예수께서 죽은 자 가운데서 부활하여 잠자는 자들의 첫 열매(아파르케)가 되셨다고 성경은 기록하고 있습니다(고전 15:20). 이런 부활의 고백은 초대교회 중요한 신앙이 되었고, 사도들은 곧 부활의 증인들이 되었습니다. 이런 사실을 믿고 받아들이면 구원을 받으리라 기록하고 있습니다.

입으로 시인하는 것과 마음에 믿는 것은 불가분의 관계입니다. 진정한 신앙고백으로서의 고백을 전제로 입으로 시인하는 것은 곧 마음에서 믿는만큼 됩니다. "사람이 마음으로 믿어 의에 이르고 입으로 시인하여 구원에 이르느니라" 마음으로 믿는 것과 입으로 시인하는 것은 신앙고백의 행위와 마음의 진정성을 뜻합니다.

[10과 chant 영상 장면]

[chant 가사]

"네가 만일 네 입으로 예수를 주로 시인하며 또 하나님께서 그를 죽은 자 가운데서 살리신 것을 네 마음에 믿으면 구원을 받으리라 사람이 마음으로 믿어 의에 이르고 입으로 시인하여 구원에 이르느니라" (로마서 10:9~10)

성경말씀(Hey) 신나게 외워볼까(네!) 어렵지 않으니까(Come on)
오늘 외울 말씀은 로마서 10장 9절에서 10절 말씀 아멘
(로마서 10장 9절에서 10절 말씀 아멘) 한 번 더 로마서 10장 9절에서 10절 말씀 아멘 (로마서 10장 9절에서 10절 말씀 아멘) 저를 따라해 보세요

네가 만일 네 입으로 예수를 주로 시인하며 또 하나님께서 그를 죽은
자 가운데서 살리신 것을 네 마음에 믿으면 구원을 받으리라
사람이 마음으로 믿어 의에 이르고 입으로 시인하여 구원에
이르느니라 로마서 10장 9절에서 10절 말씀 아멘 이제 쭉 해볼까요?

네가 만일 네 입으로 예수를 주로 시인하며 또 하나님께서 그를 죽은 자 가운데서 살리신 것을 네 마음에 믿으면 구원을 받으리라 사람이 마음으로 믿어 의에 이르고 입으로 시인하여 구원에 이르느니라 로마서 10장 9절에서 10절 말씀 아멘
네가 만일 네 입으로 예수를 주로 시인하며 또 하나님께서 그를 죽은 자 가운데서 살리신 것을 네 마음에 믿으면 구원을 받으리라 사람이 마음으로 믿어 의에 이르고 입으로 시인하여 구원에 이르느니라 로마서 10장 9절에서 10절 말씀 아멘 아멘!

10. 믿음의 방법

[외울 말씀]

개역개정 | "네가 만일 네 입으로 예수를 주로 시인하며 또 하나님께서 그를 죽은 자 가운데서 살리신 것을 네 마음에 믿으면 구원을 받으리라 사람이 마음으로 믿어 의에 이르고 입으로 시인하여 구원에 이르느니라" (로마서 10:9~10)

쉬운성경 | "여러분이 만일 여러분의 입으로 "예수님은 주님이시다"라고 고백하고, 또 마음으로 하나님께서 그리스도를 죽은 자들 가운데서 다시 살리신 것을 믿으면, 여러분은 구원을 얻을 것입니다. 여러분은 마음으로 믿어 의롭다 함을 얻으며, 입으로 고백하여 구원을 얻습니다." (로마서 10:9~10)

이끄는 말)

말씀을 함께 읽습니다. 먼저 쉬운성경으로 된 본문을 읽습니다.

(읽은 후) 이제는 어른들이 보는 개역개정성경을 읽습니다.

(읽은 후) 오늘의 제목을 함께 읽습니다.

'믿음의 방법'.

옆에 있는 친구, 앞뒤에 있는 친구와 손을 흔들며 '샬롬'이라고 인사해 볼까요?

1번 그림을 보여주면서 과학과 기술의 발달에 대해서 이야기해주세요.

본론)

100년 전만 해도 상상할 수 없었던 것들은 무엇이 있을까요?

지금은 신기하지 않은 소리나는 상자 오디오, 영상이 나오는 상자 TV, 사물을 그대로 담아내는 사진기, 하늘을 날아다니는 비행기, 우주로 쏘아 올리는 로켓, 컴퓨터와 전화기가 접목된 스마트폰 등 모두가 상상할 수 없었던 것들이지만 이제는 흔한 것들이 되었지요.

100년 동안 과학은 놀랄 만큼 발전했어요. 두바이에는 해저호텔이 만들어졌는데 하룻밤에 500만원 정도의 숙박비가 든다고 하네요.

또한 우주에 정거장을 만들고 행성에 여러 시설물을 만들고 우주탐험이 각 나라에서 활발히 일어나고 있고 요즘은 각종 이식수술을 통해 여러 생명을 살리고 있는 가운데 원숭이 머리를 떼서 다른 원숭이에게 이식하는 것이 가능해졌다고 뉴스에 나왔어요.

바다 속에서의 식사와 하룻밤, 우주로의 여행, 머리를 다른 몸에 이식하는 수술까지 정말 영화에서만 가능했던 일이 실제로 일어나고 있어요.

이 모든 일들을 우리는 어떻게 알게 되었나요?

TV나 신문, 인터넷 기사를 통해서 보았거나 직접 경험해서 알 수 있는 것이지요. 만약 TV나 인터넷, 신문에서 알려주지 않았다면 우리는 여전히 이러한 사실을 알지 못한 채 살고 있을 거예요.

2번 그림을 보여주면서 보는 것만 믿고 있다고 생각하는 것은 옳지 않음을 설명해주세요.

눈을 가리면 세상 모든 것을 볼 수 없습니다. 하지만, 내가 볼 수 없다고 해서 세상 모든 것이 존재하지 않는 건 아닙니다.

여러분들은 불이 뜨겁다는 것을 어떻게 알게 되었나요?

여러분들이 어렸을 때 부모님이나 선생님이 불은 뜨겁고 위험한 것이라고 알려주었기 때문이죠. 어떤 친구들은 직접 불을 만진 경험으로 불은 뜨겁다는 것을 안 친구들도 있을 거예요.

경험은 최고의 스승이라는 말이 있어요. 하지만 우리가 이 땅의 모든 것을 경험하며 살아갈 수는 없어요. 많은 사람들은 이렇게 말해요.

"내가 직접 보거나 확인하지 않으면 믿을 수 없어."

사람들은 자기가 직접 경험하지 않고는 믿지 않으려고 해요.

내가 모든 것을 경험하고 알 수 없기에 우리는 우리보다 먼저 그 길을 간 사람들의 이야기를 들을 수 있어야 해요.

성경은 먼저 믿음의 길을 걸어간 사람들에게서 그 길을 배우는 사람이 지혜로운 사람이라고 말하고 있어요. 수많은 믿음의 사람이 하나님을 믿었고 증거하며 살았어요.

그런데도 여전히 자신의 눈으로 하나님을 직접 보지 않았기 때문에 믿지 못한다고 말하는 사람들이 많이 있어요. 어리석은 사람들은 앞에 함정이 있다고 말해도 듣지 않아요. 자기 멋대로 가다가 함정에 빠지게 되죠.

성경은 성경 속 믿음의 사람들을 통해 계속해서 우리에게 증거하고 있어요. 하나님은 살아계시고 예수님은 우리의 구원자라고 말이지요.

3번 그림을 보여주면서 돌아온 탕자이야기를 들려주세요.

성경에도 어리석은 사람이 있어요. 바로 탕자라고 불리는 아들이에요. 그는 아버지가 살아계심에도 불구하고 자신에게 돌아갈 유산을 미리 받아 다른 나라로 가서 흥청망청 재산을 낭비했어요.

그러다가 결국 모든 재산을 잃게 되었고 그는 아버지께로 다시 돌아오게 되지요. 아버지를 떠나 자기 마음대로 사는 것이 멋있어 보이고 잘 살 수 있을 것 같지만 아버지를 떠나 사는 삶은 결코 행복하지 않음을 보여주고 있어요.

우리도 하나님을 떠나 내 마음대로 살면 행복할 수 있을 것 같고 멋져 보이지만 그것은 결코 행복한 삶이 아니라는 것을 성경과 수많은 믿음의 사람들이 우리에게 알려주고 있어요.

4번 그림을 보여주면서 성경 말씀이 우리를 진리의 길로 이끈다는 사실을 알려주시고 올바른 진리의 길로 나가기 위해 늘 말씀을 묵상해야 한다고 알려 주세요.

여러분, 구원에 조건이 있을까요? 구원에는 조건이 없어요.

하나님께서 자신의 뜻에 따라 우리를 구원하시는 것이지요. 그런데 성경은 우리의 믿음으로 인해 구원하신다고 표현해요.

믿음은 우리가 갖고 싶다고 가질 수 있는 것이 아니에요. 믿음 역시 하나님께서 우리에게 주셔야 우리가 가질 수 있는 거예요. 하나님께서 우리에게 주신 믿음으로 말미암아 우리를 구원해 주신다고 성경은 말하고 있어요.

믿음을 얻기 위해서는 말씀을 항상 묵상해야 해요. 또한 그 말씀을 통해 성령께서 역사해달라고 기도해야 해요. 그러면 분명 하나님께서 우리 친구들에게 믿음을 허락해 주실 거예요.

성경은 믿음이 들음에서 난다고 우리에게 분명하게 말하고 있어요.

따라서 말씀을 전하는 자가 있어야 다른 사람들이 말씀을 들을 수 있는 것이고 그 말씀을 들어야 믿음을 가질 수 있는 것이지요.

여기 있는 목사님, 선생님들도 전부 복음을 전해준 사람이 있었기 때문에 그 복음을 듣고 믿음을 가질 수 있었어요.

이제 말씀을 듣고 교회에 온 것으로 만족하지 말고 말씀을 들음으로 믿음을 소유하는 친구들이 되었으면 해요. 아직 믿어지지 않는 친구들이 있다면 말씀을 읽고 듣고 하나님께 믿음을 달라고 기도하길 원해요. 분명히 하나님께서 여러분에게 믿음을 주실 거예요.

결론)

우리 한 번 큰 소리로 읽으며 결단하는 시간을 갖기로 해요.

성경은 믿음이 들음에서 나고 그 들음은 그리스도의 말씀을 듣는 것이라고 말하고 있습니다. 하나님께서는 믿음을 통해 자신의 백성들을 구원하십니다. 그래서 마치 믿음이 구원의 조건처럼 보이지만 믿음은 하나님의 선물입니다.

내가 믿고 싶다고 믿고, 안 믿고 싶다고 안 믿어지는 것이 아니라 하나님께서 믿게 하셔야 믿을 수 있습니다. 말씀을 들을 수 있는 마음과 말씀을 들음을 통해 믿음을 달라고 기도하는 친구들이 됩시다.

기도하기)

하나님, 오늘 믿음의 방법이라는 말씀을 들었어요. 사람들은 하나님을 눈으로 볼 수 없기 때문에 믿을 수 없다고 이야기해요. 하지만 많은 성경 속 사람들과 역사 속 믿음의 사람들이 하나님이 살아계심을 증거하고 있어요.

하나님께서 말씀으로 이 세상을 창조하시고 독생자 예수 그리스도를 나의 죄 때문에 보내주신 사실을 저도 믿고 싶어요. 저에게 믿음을 선물로 주세요. 예수님의 이름으로 기도합니다. 아멘.

테마1. 구원

크리스천리더 Gospel Chant 11

[요절 말씀]

"내가 진실로 진실로 너희에게 이르노니 내 말을 듣고 또 나 보내신 이를 믿는 자는 영생을 얻었고 심판에 이르지 아니하나니 사망에서 생명으로 옮겼느니라" (요한복음 5:24)

[요절 말씀 뜻 살펴보기]

예수님은 베데스다 연못에 있던 38년된 환자를 고쳐주셨습니다. 그런데 병자를 고쳐준 그때가 마침 안식일이었습니다. 유대인들은 안식일에 너를 누가 고쳐주었는지 추궁하였습니다.

깨끗하게 씻음 받은 환자는 그분이 예수이심을 말하였고, 그 일로 유대인들이 예수님을 미워하기 시작했으며 박해하기 시작했습니다.

예수님은 유대인들을 향해 아버지께서 하시는 일을 당신도 행하실 수 있으며 죽은 자까지 살리실 능력이 있음을 말씀하십니다.

그러시면서 유대인들을 향해 하신 말씀이 오늘 요한복음 5장 24절의 말씀입니다. 예수님은 당신의 말씀을 듣고, 당신을 보내신 이를 믿는 자는 영생을 얻었다고 말씀하고 계십니다.

영생의 획득은 나중에 죽고 난 뒤에 얻어지는 것이 아니라, 말씀에 순종하고 믿으면 구원이 이 세상 속에서도 이루어진다는 사실을 말씀하신 것입니다.

영생은 곧 사망에서 생명으로 옮겨진 것을 뜻합니다. 이것은 그리스도의 복음을 믿고 순종하는 결과로 주어지는 것이 곧 구원이요, 영생임을 말하고 있습니다.

예수님을 믿는 우리는 심판에 이르지 아니한다고도 말씀하셨습니다. 이는 예수 믿는 자들이 의로워져서가 아니라, 하나님께서 의롭게 보아주시겠다는 약속을 담고 있어 심판을 면할 자격을 주신 것입니다.

[11과 chant 영상 장면]

[chant 가사]

"내가 진실로 진실로 너희에게 이르노니 내 말을 듣고 또 나 보내신 이를 믿는 자는 영생을 얻었고 심판에 이르지 아니하나니 사망에서 생명으로 옮겼느니라" (요한복음 5:24)

성경말씀(Hey) 신나게 외워볼까(네!)
어렵지 않으니까(Come on) 오늘 외울 말씀은
요한복음 5장 24절(요한복음 5장 24절) 요한복음 5장 24절(요한복음 5장 24절)
한 번 더 요한복음 5장 24절(요한복음 5장 24절)
요한복음 5장 24절(요한복음 5장 24절) 저를 따라해 보세요

내가 진실로 진실로 너희에게 이르노니 내 말을 듣고 또 나 보내신 이를 믿는 자는 영생을 얻었고 심판에 이르지 아니하나니 사망에서 생명으로 옮겼느니라 요한복음 5장 24절

이제 쭉 해볼까요? 내가 진실로 진실로 너희에게 이르노니 내 말을 듣고 또 나 보내신 이를 믿는 자는 영생을 얻었고 심판에 이르지 아니하나니 사망에서 생명으로 옮겼느니라 요한복음 5장 24절 사망에서 생명으로 옮겼느니라 요한복음 5장 24절
내가 진실로 진실로 너희에게 이르노니 내 말을 듣고 또 나 보내신 이를 믿는 자는 영생을 얻었고 심판에 이르지 아니하나니 사망에서 생명으로 옮겼느니라 요한복음 5장 24절 사망에서 생명으로 옮겼느니라 요한복음 5장 24절 아멘!

11. 예수 믿음으로 생기는 변화

[외울 말씀]

개역개정 | "내가 진실로 진실로 너희에게 이르노니 내 말을 듣고 또 나 보내신 이를 믿는 자는 영생을 얻었고 심판에 이르지 아니하나니 사망에서 생명으로 옮겼느니라" (요한복음 5:24)

쉬운성경 | "내가 너희에게 진리를 말한다. 누구든지 내 말을 듣고 나를 보내신 분을 믿는 사람은 영원한 생명을 얻었고, 심판을 받지 않을 것이며, 사망에서 생명으로 옮겨졌다." (요한복음 5:24)

이끄는 말)

말씀을 함께 읽습니다. 먼저 쉬운성경으로 된 본문을 읽습니다.

(읽은 후) 이제는 어른들이 보는 개역개정성경을 읽습니다.

(읽은 후) 오늘의 제목을 함께 읽습니다.

'예수 믿음을 통한 믿는 자의 변화'.

옆에 있는 친구, 앞뒤에 있는 친구와 손을 흔들며 '샬롬'이라고 인사해 볼까요?

1

1번 그림을 보여주면서 다양한 버릇에 대해 이야기 하고, 또한 학생들에게 어떤 버릇이 있는지 물어봅시다.

본론)

여러분들은 버릇을 가지고 있나요? 사람들은 저마다 버릇을 가지고 있어요. 어떤 사람은 어렸을 때부터 손가락을 빠는 버릇을 가지고 있는 사람도 있어요. 목사님은 집중할 때 손톱을 물어 뜯는 버릇이 있어요. 어떤 사람은 코를 손가락으로 파는 버릇을 가진 친구들도 있지요.

우리나라 속담에 '세 살 버릇 여든까지 간다'는 말이 있어요. 그것은 한 번 버릇이 생기면 쉽게 고쳐지지 않는다는 의미이지요.

우리 친구들 중에 오이나 당근을 싫어하는 친구들이 있나요?

오이나 당근의 독특한 향 때문에 싫어하는 친구들이 많이 있어요. 싫어하는 오이나 당근이 하루 아침에 좋아져서 먹을 수 있을까요? 이런 일은 쉽게 일어나지 않아요.

뚱뚱한 사람이 날씬한 사람으로 변하는 것도 쉬운 일이 아니에요. 힘든 유혹과 어려움을 견뎌야 성공할 수 있지요.

이처럼 사람이 변한다는 것은 쉽지 않아요. 왜냐하면 지금까지 살아왔던 방식을 바꿔야 하기 때문이에요.

방식을 바꾸면 불편하고 힘들기 때문에 시도하지 않으려고 하지요.

성경은 분명히 우리가 예수님을 믿음으로 변화가 되었다고 말하고 있어요. 우리의 옛사람은 십자가에서 죽었고 우리는 새사람이 되었어요. 이 말은 우리의 신분이 변화되었음을 의미해요.

옛날에는 마귀의 자녀였지만 예수님을 믿음으로 이제는 하나님의 자녀가 된 것이에요. 그렇다면 우리는 이제 하나님의 자녀로 살아야 해요. 그런데 우리는 신분이 바뀌었음에도 여전히 바뀌기 전의 신분인 마귀의 자녀처럼 살려고 하고 있어요.

왜냐하면 하나님의 자녀로 사는 것은 불편하기 때문이에요. 하지 말아야 할 것도 많고 하나님의 자녀답게 지켜야 할 것도 많아졌기 때문이지요. 그래서 옛날에 내 마음대로 살았던 때가 좋았다고 생각하고 옛날로 돌아가려고 하는 사람들도 있어요.

예수님을 믿는데도 왜 사람들은 쉽게 변하지 않을까요?

그것은 하나님의 자녀라는 신분이 얼마나 대단한 존재인지 잘 깨닫지 못했기 때문이에요. 예수님의 목숨을 지불하고 대신 살게 된 존재가 바로 우리이지요. 그런데 이 사실을 감격과 감사로 받아들이지 못하면 하나님의 뜻대로 살아갈 수 없어요. 내가 예수님을 믿음으로 신분이 변화되었다는 것을 알았다면 이제는 의지를 가지고 변화된 삶을 살아야 해요.

하지만 변할 의지가 없기 때문에 변하지 못하는 것이지요. 또한 변하고 싶은 마음이 있어도 쉽게 안 되는 것은 우리가 너무 연약하기 때문이에요. 그래서 우리는 기도해야 해요. 성령님께 내가 하나님의 자녀답게 살아갈 수 있는 힘을 달라고 기도할 때 성령님께서 도와주실 거예요.

여러분들이 여행으로 꼭 가보고 싶은 곳이 있나요? 목사님이 제일 가고 싶은 곳은 볼리비아의 우유니 사막이에요. 어디가 하늘이고 어디가 땅인지 잘 모를 정도로 아름답대요.

만약 여러분들이 이런 곳을 다녀왔다면 어떻게 할까요? 자랑하겠지요? 친한 친구가 있다면 선물을 주면서 이야기를 하기도 하겠지요.

2번 그림을 보여주면서 만화나 영화 속 영웅들에 대해 이야기 해주고, 하지만 이러 영웅들은 실제 존재하지 않는다는 사실을 알려주세요. 또한 진정한 우주의 영웅은 하나님이심을 알게 합니다.

만화나 영화에서만 보던 영웅들을 실제로 우리 삶에서 만났다면 여러분들은 어떻게 할 것 같나요? 사진과 동영상을 찍고 영상통화로 중계하지 않을까요? SNS나 메신저로 친구들에게 실시간 중계를 하지 않을까요?

왜 그럴까요? 너무 신기하고 남들이 경험하지 못한 최고의 경험을 다른 사람들에게 알려주고 싶은 마음 때문이에요.

성경에는 창조주가 인간의 몸을 입고 오셔서 우리 대신 죽으셨고 우리를 죄에서 구원하신, 말도 안 되는 일이 기록되어 있어요. 우리가 세계의 유명한 곳을 다녀왔던 것보다, 영화나 만화에서 볼 수 있는 영웅들을 만났던 것보다 훨씬 더 기적 같은 일이 우리에게 일어난 것이에요. 그런데 우리는 어떤가요? 여행을 다녀와서 소개하는 것만큼 기적과 같은 성경의 이야기를 친구들에게 전하고 있나요?

3번 그림을 보여주면서 예수님을 세 번이나 부인한 베드로 이야기를 들려주세요.

성경에는 예수님을 믿지 못했다가 예수님을 제대로 알고 믿은 후 변화 받은 사람들이 많이 나와요. 베드로라는 제자도 예수님을 3년 동안 따라다녔지만 예수님이 누구신지 제대로 알지 못했어요.

그래서 예수님께서 잡히시던 날 밤에 한 여종이 자신에게 예수님과 함께 있었던 제자라고 할 때 자신은 예수님을 모른다고 3번이나 부인하고 말았어요. 그랬던 베드로가 부활한 예수님을 만나고 나서 변화되었는데 대제사장이 예수님을 또 전하면 죽이겠다는 위협을 했지만 베드로는 담대히 복음을 전하는 모습을 보여주죠.

정말 과거와는 전혀 다른 모습으로 변화되었어요. 사도 바울도 예수님을 만나기 전에는 예수님을 믿는 사람을 잡아다가 옥에 가두는 일을 했어요. 하지만 그도 부활하신 예수님을 만나고 변화가 되어 만나는 사람들에게 예수님의 복음을 전하게 되었어요.

4번 그림을 보여주면서 예수님이 진정한 나의 구세주라는 사실을 알려주세요.

우리는 복음의 증인이에요. 하나님께서 목사님과 여러분을 복음의 증인으로 부르셨어요. 증인은 반드시 자기가 보고 들은 것을 정확하게 전해야 해요. 그것이 바로 증인의 역할이에요.

여러분은 예수님이 나의 구세주라는 사실을 믿나요? 그렇다면 우리는 예수님을 전하는 증인의 삶을 살아야 해요. 증인의 삶은 결코 쉬운 삶이 아니에요. 그렇기 때문에 변화된 증인의 삶을 살게 해달라고 기도해야 해요. 하나님이 원하시는 변화된 증인의 삶을 사는 우리 친구들이 되길 바라요.

결론)

우리 한 번 큰 소리로 읽으며 결단하는 시간을 갖기로 해요.

사람이 변한다는 것은 쉽지 않은 일입니다. 하지만 성령의 사람들은 하나님의 자녀답게 변화된 모습으로 살아야 합니다. 증인은 내가 보고 들은 것을 반드시 전해야 하는 사람입니다. 우리는 예수님의 부활을 성경을 통해 들었고 믿는 사람들입니다. 우리는 예수님의 증인입니다. 성경이 말한 예수님을 우리의 친구들에게 전해야 합니다. 이번 한 주 동안 학교에서 친구들에게, 가정에서 가족들에게 복음을 전하는 친구들이 됩시다.

기도하기)

하나님, 오늘 예수 믿음을 통한 믿는 자의 변화에 대해 말씀을 배웠어요. 원래 우리는 마귀의 자녀였지만 예수님의 십자가의 죽으심으로 하나님의 자녀가 되었음을 믿어요. 그런데 하나님의 자녀로 살아야 함에도 우리가 연약해서 자꾸 넘어지고 쓰러집니다.

내 마음에 오셔서 나를 도와주세요. 하나님의 자녀답게 말하고 행동하는 자녀로 변화되고 싶어요.

내가 듣고 본 복음을 전하는 증인의 삶을 살고 싶어요. 나는 연약해서 할 수 없으니 내게 힘 주셔서 증인의 삶을 살 수 있도록 도와주세요. 예수님의 이름으로 기도합니다. 아멘.

크리스천리더 Gospel Chant 12

[요절 말씀]

"평안을 너희에게 끼치노니 곧 나의 평안을 너희에게 주노라 내가 너희에게 주는 것은 세상이 주는 것과 같지 아니하니라 너희는 마음에 근심하지도 말고 두려워하지도 말라" (요한복음 14:27)

[요절 말씀 뜻 살펴보기]

세상 가운데 참다운 평안을 찾기가 쉽지 않습니다. 세상 속에서는 평안을 쉽게 찾을 수 없고, 얻어진 평안이라고 해도 오래 지속되지 않습니다.

그렇다면 참다운 평안은 어디서 비롯되는가? 바로 우리가 성령으로 말미암아 예수를 믿고 온전히 순종하고 나가면 세상 속에서 힘들고 어렵고 고난이 있다 해도 주님이 주시는 평안으로 견뎌내고 그 평안을 누리게 되는 것입니다.

예수님은 "나의 평안을 너희에게 주노라"고 말씀하십니다. 나의 평안이라는 것은 세상에 있는 평안함과 근본적으로 다른 평안입니다. 일시적이고 제한적인 평안이 아닌 영원한 평안입니다.

그래서 주님은 내가 너희에게 주는 평안은 세상이 주는 평안과 같지 않다고 말씀하고 계신 것입니다.

우리는 늘 예수를 믿는 믿음의 고백과 그분의 인도하심을 따르며 주님께서 주시는 평안을 누릴 수 있어야 할 것입니다.

[12과 chant 영상 장면]

[chant 가사]

"평안을 너희에게 끼치노니 곧 나의 평안을 너희에게 주노라 내가 너희에게 주는 것은 세상이 주는 것과 같지 아니하니라 너희는 마음에 근심하지도 말고 두려워하지도 말라" (요한복음 14:27)

(YO!) 주님 말씀 내 삶의 지도 나를 만들어 크리스천리더
이끌어 주심을 믿어 오늘도 말씀을 읽어 자 준비됐지?
요한복음 14장 27절 말씀 아멘 (요한복음 14장 27절 말씀 아멘) 한 번 더
요한복음 14장 27절 말씀 아멘 (요한복음 14장 27절 말씀 아멘)
저를 따라해 봐요

평안을 너희에게 끼치노니 곧 나의 평안을 너희에게 주노라
내가 너희에게 주는 것은 세상이 주는 것과 같지 아니하니라
너희는 마음에 근심하지도 말고 두려워하지도 말라
요한복음 14장 27절 말씀 아멘 외워볼까요?

평안을 너희에게 끼치노니 곧 나의 평안을 너희에게 주노라 내가 너희에게 주는 것은 세상이 주는 것과 같지 아니하니라 너희는 마음에 근심하지도 말고 두려워하지도 말라 요한복음 14장 27절 말씀 아멘
평안을 너희에게 끼치노니 곧 나의 평안을 너희에게 주노라 내가 너희에게 주는 것은 세상이 주는 것과 같지 아니하니라 너희는 마음에 근심하지도 말고 두려워하지도 말라 요한복음 14장 27절 말씀 아멘
아멘!

12. 예수 안에 평안을 누리자

[외울 말씀]

개역개정 | "평안을 너희에게 끼치노니 곧 나의 평안을 너희에게 주노라 내가 너희에게 주는 것은 세상이 주는 것과 같지 아니하니라 너희는 마음에 근심하지도 말고 두려워하지도 말라" (요한복음 14:27)

쉬운성경 | "내가 너희에게 평안을 남긴다. 곧 나의 평안을 너희에게 준다. 내가 너희에게 주는 평안은 세상이 주는 것과 같지 않다. 너희는 마음에 근심하지도 말고, 두려워하지도 마라." (요한복음 14:27)

이끄는 말)

말씀을 함께 읽습니다. 먼저 쉬운성경으로 된 본문을 읽습니다.

(읽은 후) 이제는 어른들이 보는 개역개정성경을 읽습니다.

(읽은 후) 오늘의 제목을 함께 읽습니다.

'예수 안에 평안'.

옆에 있는 친구, 앞뒤에 있는 친구와 손을 흔들며 '샬롬'이라고 인사해 볼까요?

1번 그림을 보여주면서 억울한 상황이 없었는지 아이들에게 물어보세요.

본론)

여러분들은 살면서 억울한 일을 당한 적이 있나요? 내가 하지 않았는데 괜한 오해를 받아서 혼난 적은 없나요?

이 그림을 보세요. 동생을 울린 건 다른 사람인데 괜히 혼나고 있어요. 이런 상황이라면 무척 억울하겠지요?

중국에서는 억울하게 누명을 쓰고 사형을 당했는데 10년 만에 진범이 밝혀졌습니다. 누명을 쓴 사람의 부모님은 어떤 마음일까요? 너무 힘들고 괴롭지 않을까요?

사람들마다 인생곡선을 그리라고 하면 보통 물결무늬로 그리죠. 여러분은 아직 어리지만 지금까지 살아온 순간 중 언제가 가장 행복했었나요? 그리고 언제가 가장 힘들었나요?

선이 위로만 향하게 그리는 사람도 없고 선이 아래로만 향하게 그리는 사람도 없어요. 사람들마다 자신의 인생에서 가장 힘들었을 때도 있고 가장 행복했었을 때도 있어요.

인생 전체가 최악이고 최고라고만 느끼는 사람은 없기 때문이지요. 여러분은 어렵고 힘든 일을 만날 때 행복한가요? 아니면 즐겁고 좋은 일을 만날 때 행복한가요? 어렵고 힘든 일을 좋아하는 사람은 없어요. 모두가 즐겁고 좋은 일만 있기를 바라지요.

2번 그림을 보여주면서 이유없이 화내고 폭력을 당했을 경우 등 마음이 불편하고 힘든 상황을 설명해 줍니다.

나는 아무런 잘못을 안했는데 시비를 거는 사람이 있나요? 그냥 쳐다봤다고 다짜고짜 화를 내고 폭력을 휘두르는 사람이 있나요?

이런 사람을 만나면 마음이 불편해집니다. 다음에 이 사람을 또 만날까, 이런 일을 또 당할까 불안하기만 하지요. 그런데 나에게 잘해주는 사람, 친절히 대해주는 사람을 만나면 마음이 행복해져요.

나를 불편하게 하는 사람과 일을 만나면 내 마음은 평화롭지 못하지만 나에게 친절히 대하고 잘 해주는 사람과 일을 만나면 내 마음은 평화로워져요.

이처럼 우리가 누리는 평안은 조건적이에요. 내 상황이 나를 힘들게 하는지, 편하게 하는지에 따라 내 마음에 평화가 결정돼요.

3번 그림을 보여주면서 참 평안의 근원자는 예수님이심을 잘 설명해 주세요.

그렇다면 우리는 어렵고 힘든 순간에도 평안을 누릴 수는 없을까요? 성경은 우리에게 한 가지 길을 제시하고 있어요.

바로 예수님을 바라보는 것이에요. 억울하고 힘든 상황을 만날 때 "예수님이라면 어떻게 하셨을까?"를 생각하는 것이지요.

예수님도 억울하고 비참한 일을 당하셨지만 묵묵히 그것을 감당하셨던 것을 기억한다면 어느새 내 마음에 가득 쌓인 분노와 불편한 감정들이 사라지게 됨을 느낄 수 있어요.

예수님의 죽음을 목격하고 힘들어하고 있는 제자들에게 예수님께서 나타나셔서 "너희에게 평강이 있을지어다" 라고 말씀하셨어요. 또한 "내가 너희에게 평안을 끼치노니 이 평안은 세상이 주는 평안과 같지 않다"고 말씀하셨어요.

이후 제자들의 삶은 낙담하고 괴로워하는 모습에서 고난 중에서도 기뻐하는 모습으로 바뀌게 되죠.

4번 그림을 보여주면서 우리가 예수님을 통해서만 구원받을 수 있다는 사실을 확실하게 알려주세요.

처음 시작할 때, 우리는 억울한 일을 당할 때 평안할 수 없다고 이야기했어요. 그런데 성경을 보면 억울한 상황에서도 여전히 평안했던 한 사람을 볼 수 있어요.

바로 요셉이라는 사람이에요. 17살 때 자신의 형들에 의해 애굽에 종으로 팔렸던 요셉의 마음은 어땠을까요?

아버지에게 예쁨과 귀여움을 독차지했던 소년이 어느 날 갑자기 다른 나라에 종으로 팔려갔으니 얼마나 힘이 들었을까요? 그럼에도 요셉은 자신 처한 상황에서 하나님을 바라보며 평안을 유지했어요.

주인의 아내가 억울하게 자기를 모함하여 누명을 쓰고 감옥에 갔어도 여전히 요셉은 하나님을 바라보았고 주변 사람들 역시 하나님께서 요셉과 함께하심을 목격했어요. 억울하고 어려움을 당했던 요셉이 매 순간 이길 수 있었던 것은 하나님께서 주신 평안함 때문이에요.

여러분은 살면서 만나는 어려운 일, 힘든 일, 기쁘고 즐거운 일 모두가 하나님께서 내게 주신 가장 좋은 것이라는 고백이 있나요? 내가 생각하기에 기쁘고 즐거운 일은 좋은 것이고 내가 생각하기에 어렵고 힘든 일은 나쁜 것이라는 생각이 들지는 않나요?

하지만 하나님은 언제나 우리에게 좋은 것만을 주세요. 이 고백이 있을 때 우리는 언제, 어느 상황에서도 평안함을 누릴 수 있어요. 그러기 위해서는 나의 생각, 세상의 소리는 줄여야 해요. 그것에 내 마음과 귀를 기울이면 우리의 마음이 평안할 수 없어요.

하지만 나의 마음과 귀가 하나님의 뜻에 기울여진다면 비로소 하나님이 주시는 참된 평안을 경험할 수 있어요.

예수님이 주시는 평안은 아무런 근심, 걱정도 없는 상태가 되어서 주시는 평안이 아니에요. 내가 처한 상황은 폭풍우가 치는 험난한 상황이지만 주님께서 나를 꼭 잡고 계심을 믿음으로 누리는 평안을 의미하는 것이지요.

힘들고 어려운 상황에서도 주님만 바라봄으로 평안함을 누리는 친구들이 되길 원해요.

결론)

우리 한 번 큰 소리로 읽으며 결단하는 시간을 갖기로 해요.

예수님은 예수님의 죽음 앞에 낙담하고 있는 제자들에게 오셔서 평안(평강)을 주셨습니다. 이 평안은 세상이 줄 수 없는 평안이었습니다. 세상의 평안은 조건적입니다. 나에게 아무런 문제가 없으면 평안하고 문제가 생기면 평안할 수 없다고 말합니다. 하지만 성경은 예수님을 바라봄으로 평안할 수 있다고 말하고 있습니다. 내가 힘든 상황에 있지만 이것이 나에게 주시는 가장 좋은 것임을 깨달을 때 비로소 우리는 평안할 수 있습니다. 예수 안에서 참된 평안을 누리는 친구들이 됩시다.

기도하기)

하나님, 오늘 예수님 안에서 누리는 평안에 대한 말씀을 들었어요. 우리는 내 상황이 좋으면 평안하고 상황이 어려우면 마음이 불편했어요. 하지만 예수님을 만난 믿음의 선배들은 어려운 순간에도 하나님을 바라봄으로 불편한 마음을 이겨냈고 참된 평안함을 누렸어요. 이 시간 우리도 어렵고 괴로울 때 주님을 바라볼 수 있는 믿음을 주세요. 그래서 상황에 따른 평안이 아니라 예수님이 주시는, 세상이 줄 수 없는 평안을 누리며 살 수 있게 해주세요. 예수님의 이름으로 기도합니다. 아멘.